Sigrid Heinzmann

Dufte Seifen selber machen

AUGUSTUS

Dufte Seifen selber machen

Inhalt

- 3 Grundausstattung
- 5 Grundtechniken
- 9 Mehrfarbige Seifen
- 9 Fische
- 10 Sternzeichen
- 12 Liebevoll und herzig
- 14 Tieralphabet
- 16 Bunte Früchtemischung
- 18 Gemaserte Blüten
- 20 Seife und Dekoelemente
- 20 Badezimmer-Accessoires
- 22 Eingießen und Einlegen
- 22 Mustermix
- 24 Tierische Seifenporträts
- 25 Entenparade
- 26 Bänderreste und Federn
- 27 Duftige Blütenseifen
- 28 Dreidimensionale Seifen
- 28 Alle meine Entchen
- 30 Im Zoo
- 31 Halloween lässt grüßen

Das wird gebraucht

Grundausstattung

Dekorative Seifen selbst herzustellen ist nicht schwer. Das Grundmaterial ist Glyzerinseife, die erhitzt wird. Eine Vielzahl an Gießformen und Dekorationsmaterialien zum Eingießen und Dekorieren hält der Fachhandel bereit. Zum Schmelzen und Verarbeiten benötigen Sie keine besonderen Arbeitsgeräte, das meiste findet sich in Ihrem Haushalt.

Material

Glyzerinseife gibt es weiß-opak und farblos-transparent sowie in verschiedenen transparenten Farbtönen. Glyzerinseife ist ein rein pflanzlicher Rohstoff. Sie ist ungiftig, besonders hautfreundlich, ohne Duftstoffe und kann deshalb auch von Allergikern benutzt werden. Im Bastelhandel werden je nach Hersteller Gebindegrößen von 250 g bis 2500 g angeboten. Achtung: Die in Drogeriemärkten erhältlichen Glyzerinseifen haben eine andere Zusammensetzung und sind meist ungeeignet zum Einschmelzen und Ausgießen.

Duftöle sind in großer Auswahl in verschiedenen Duftnoten erhältlich. Durch Mischen einzelner Duftöle können unzählige neue Duftnoten kreiert werden. Das Öl wird tropfenweise der geschmolzenen Seife hinzugefügt, Allergiker sollten jedoch vorsichtig testen, ob sie darauf reagieren.

Farbstoffe zum Einfärben von farblos-transparenten und weiß-opaken Seifen. Die einzelnen Farbtöne und die Farbintensität variieren je nach Hersteller, es lassen sich alle Farben untereinander mischen. Der Farbstoff wird in Tablettenform, als Tropfen oder als Farbblock angeboten. Eine Mischtabelle finden Sie auf Seite 5.

Gießformen sind ein- oder zweiteilig und auch als Latexform erhältlich. Der Bastelhandel bietet eine große Auswahl an Seifengrund- und Motivformen an.

Dekomaterialien wie Blüten, Bänder, Federn, Gummi- oder Plastikfiguren, getrocknete Naturmaterialien und Gewürze, Servietten, Muscheln und vieles mehr eignen sich zum Eingießen und Dekorieren in und auf den Seifen.

Arbeitsgeräte

Mikrowelle (400 – 800 Watt) zum Erhitzen und Schmelzen der Glyzerinseife, oder Wasserbad auf der Herdplatte.

Feuerfeste Teekännchen oder Gläser zum Schmelzen der Seife sollten mikrowellengeeignet sein. Die Glasgefäße eignen sich auch sehr gut zum Ausgießen der Seife in die gewünschten Gießformen und lassen sich später gut reinigen.

Grundausstattung

Haushaltsmesser zum Teilen der Seifenblöcke in kleinere Portionen zum schnelleren Einschmelzen.

Skalpell zum Anritzen und Lösen der Seifenränder in den Gießformen. Die ausgekühlten Seifen lassen sich so besser entformen. Einzelne Seifenteile, die mit einer zweiten Seifenfarbe ausgegossen werden sollen, lassen sich mit dem Skalpell sauber ausschneiden.

Sparschäler zum Glätten unsauberer Kanten oder zum Schnitzen von Seifenröllchen.

Minidrahtbürstchen, gezackte Teigschaber oder kleine Plastikkämme zum Bearbeiten der ausgekühlten Seifenoberflächen.

Kaffeelöffel zum Umrühren der Seife während und nach dem Schmelzvorgang.

Schaschlikspieß aus Holz zum Untermischen der Duftöle und Farbstoffe in die Seife. Auch sehr hilfreich zum Glätten runder Kanten und zum Ziehen von Schlieren beim Marmoriereffekt.

Spitze Schere zum Ausschneiden der Serviettenmotive und Bänder.

Schneebesen zum Schlagen und Verquirlen der Seifenmasse. Dabei entsteht eine bewegte Oberfläche.

Leere Plastikgefäße oder Jogurtbecher zum Aufnehmen von Restseife.

Haushaltspapier zum Abwischen der Seifenhände und Säubern der Gießformen.

Mikrofasertuch oder fusselfreier Stofflappen zum Säubern und Glätten der Seifenkanten und Seifenoberfläche.

Frischhalte- oder Klarsichtfolie zum Verpacken der gegossenen Seifen erhöht die Transparenz und verhindert ein Schwitzen der Seife. Die Folie schützt auch vor Fusseln und unschönen Fingerabdrücken.

Grundtechniken

Schmelzen

Schneiden Sie die ausgewählte Seife mit dem Haushaltsmesser in kleine Stücke und bringen Sie diese in einem mikrowellengeeigneten Gefäß zum Schmelzen. Bei mittlerer Einstellung (etwa 600 Watt) die Seifenmasse je nach Menge etwa 20 bis 40 Sekunden erhitzen. Rühren Sie die Seife zwischendurch mit einem Schaschlikspieß oder einem Löffel um, damit sie sich gleichmäßig verflüssigt. **Wichtig:** Beim Erhitzen sollten Sie die Seife stets beobachten, damit sie nicht überkocht und verbrennt. Achten Sie unbedingt darauf, dass die Seife nicht kocht. Beim Kochen kann besonders beim blauen Farbstoff die Farbe ausflocken, außerdem gelangen zu viele Luftbläschen in die Seife und sie lässt sich nicht mehr klar ausgießen.

Färben

Farblos-transparente und weiß-opake Seife kann eingefärbt werden. Fügen Sie dazu der geschmolzenen Seife einige Tropfen Farbe oder kleine Stückchen der Farbtabletten oder Farbblöckchen bei. Möchten Sie mehrere Farbtöne gleichzeitig herstellen, wählen Sie am besten für jeden Grundfarbton ein Gefäß. Durch Experimentieren finden Sie die richtige Farbmischung heraus. Pastellig werden die Farbtöne, wenn Sie nur wenig Farbstoff beifügen, kräftige Farben erzielen Sie durch die zusätzlich Beigabe von Schwarz.

Hier eine Übersicht als Hilfe zum Mischen einzelner Farbtöne:

farblos-transparente und weiß-opake Seife
+ Gelb + Rot = Orange
+ Rot + Blau = Lila
+ Blau + Gelb = Grün
+ Rot + Blau + wenig Gelb = Schwarz
+ Gelb + Rot + Schwarz = Braun
+ Grün + Blau = Türkis
+ Gelb + Grün = Gelbgrün
+ Orange + Rot = Rotorange
+ Lila + Rot = Purpur

weiß-opake Seife
+ Rot = Rosa
+ Rosa + Gelb = Koralle
+ Gelb + Orange = Apricot
+ Schwarz + Orange = Hellbraun
+ Braun + Gelb = Ocker
+ Schwarz = Grau
+ Schwarz + Gelb = Moosgrün
+ Lila = Flieder
+ Grün = Lindgrün
+ Gelb = Zitrone
+ Orange + Gelb = Sonnengelb
+ Blau = Hellturkis
+ Braun + Rot = Rotbraun

Grundtechniken

Parfümieren

Der flüssigen, eingefärbten Seife können Sie vor dem Ausgießen nach Belieben noch tropfenweise Duftöl beifügen. Zum Parfümieren steht Ihnen eine große Auswahl verschiedener Duftnoten zur Verfügung.

Grundsätzlich können Sie alle Seifen in diesem Buch parfümieren. Da Düfte aber sehr stark individuellen Vorlieben unterliegen, finden Sie dazu keinen Hinweis in den Objektbeschreibungen.

Gießen

Es gibt eine Fülle von Möglichkeiten, die vorbereitete Seife in Form zu bringen. In diesem Buch werden Sie ganz unterschiedliche Techniken kennen lernen. Um ein Gefühl für das Grundmaterial zu bekommen, beginnen Sie mit einfachem Ausgießen in eine Form, wie sie im Fachhandel angeboten wird.

• Tipp •

- Gießen Sie Seifenreste in kleinen Förmchen zu Gästeseifen oder füllen Sie die Reste in bereitgestellte Plastikgefäße und schmelzen Sie sie später erneut ein.
- Wenn Sie gerne mit Farben experimentieren, legen Sie sich vor dem Ausgießen der Förmchen ein kleines Seifenlager mit gemischten Seifenfarben an, die Sie bei Bedarf schmelzen.

Stellen Sie die Form auf eine gerade Arbeitsfläche. Gießformen, die nicht gerade liegen, können Sie mit kleinen Gegenständen oder am einfachsten mit Hilfe von Plastilinmasse unterlegen. Einige Hersteller bieten auch spezielle Stützrahmen zum Auflegen der Formen an.

Lassen Sie die geschmolzene und eventuell eingefärbte und parfümierte Seife etwas abkühlen, da die Gießformen in der Regel nur bis maximal 75 Grad hitzebeständig sind, die Seifen je nach Hersteller aber erst zwischen 70 und 90 Grad schmelzen. Ist die richtige Temperatur erreicht, können Sie die Form nach Wunsch mit der vorbereiteten Seife füllen. Sollte sich auf der Seifenmasse eine Haut gebildet haben oder die Seife zu stark abgekühlt sein, schmelzen Sie diese nochmals ein.

Die Seife anschließend je nach Seifenmenge und Raumtemperatur etwa 10 bis 30 Minuten auskühlen lassen. Nach etwa 10 Minuten können Sie den Abkühlungsprozess beschleunigen, indem Sie die Form in kaltes Wasser stellen oder in den Kühlschrank legen.

Entformen

Nach dem völligen Erstarren nehmen Sie die Seife aus der Form. Dazu ritzen Sie mit einem Messer an den Rändern der Gießform entlang, so dass Luft zwischen Seife und Form gelangt. Die Gießform auf eine weiche Unterlage (Handtuch) stellen und mit leichtem Fingerdruck von oben die Seife vorsichtig aus der Form drücken.

Anschließend glätten Sie die Kanten mit einem feuchten, fusselfreien Tuch, mit einem Messer oder bei runden Kanten mit einem Schaschlikspieß. Zum Aufbewahren oder zum Verschenken verpacken Sie die Seife in Klarsicht- oder Frischhaltefolie.

• Tipp •

Sollte einmal ein Werkstück beim Entformen brechen, können Sie die Seife erneut einschmelzen und wieder ausgießen.

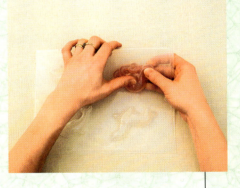

Mehrfarbige Seifen gießen und zusammensetzen

Fische

Die schillernden Fische aus transparenter Seife sind ganz einfach herzustellen. In Klarsichtfolie verpackt, werden sie zu einem willkommenen Geschenk.

Das wird gebraucht

Seife farblos-transparent
Farbstoff gelb, orange, blau, grün
Gießform Fische

• Tipp •

Wenn Sie die beiden Seifenfarben mit einem Schaschlikspieß vermischen, solange die Seife noch heiß ist, entsteht ein zusätzlicher, sehr reizvoller Marmoreffekt.

So wird's gemacht

Färben Sie die Seife entsprechend Ihren Vorstellungen und der Farbtabelle auf Seite 5. Füllen Sie die Gießformen jeweils mit einer Seifenfarbe oder gießen Sie nacheinander zwei Farben ein. Nach dem vollständigen Auskühlen entformen Sie die Seifenstücke und glätten überstehende Grate mit einem Schaschlikspieß oder einem weichen Tuch.

Mehrfarbige Seifen

Sternzeichen

Sternzeichen-Seifen sind ein Geschenk, das immer gut ankommt. In zwei Teilen gegossen wirken sie besonders raffiniert.

Das wird gebraucht

Seife weiß-opak
Farbstoff rot, blau, grün
Gießform für Sternzeichen-Medaillons
runde Seifengrundform

So wird's gemacht

Einfache Seifen
Am einfachsten ist das Ausgießen einer tiefen Form mit einer oder zwei Seifenfarben (hellblaue Jungfrau und rosafarbener Skorpion).

Zusammengesetzte Seifen
Zuerst wird die flache Medaillonform gefüllt. Am einfachsten ist auch hier das Ausgießen mit nur einer Seifenfarbe (Wassermann unten rechts). Etwas aufwändiger, aber sehr effektvoll sind zweifarbig gegossene Medaillons (Fische oben rechts, Steinbock in der Mitte). Dabei wird zunächst nur die Figur mit der ersten Farbe dünn ausgegossen. Nach dem völligen Abkühlen gießen Sie das Medaillon mit einer zweiten Seifenfarbe vollständig aus. Übergelaufene Seife entfernen Sie zuvor mit einem Schaschlikspieß oder einem Skalpell.

Nun gießen Sie die runde Seifengrundform mit einer farblich passend abgestuften Seifenfarbe aus und entformen sie nach dem Auskühlen. Mit Hilfe eines kleinen Löffels bringen Sie ein wenig flüssige Seife auf die runde Seifenform auf und drücken dann das Sternzeichen-Medaillon darauf. Dabei sollten Sie zügig arbeiten, da die Seife sehr schnell erstarrt. Eventuell ausgetretene Seifenreste können nach dem Erkalten mit einem Schaschlikspieß vorsichtig entfernt werden.

Mehrfarbige Seifen

Liebevoll und herzig

Herziges zu Valentin, Geburtstag oder Muttertag – Seifen mit viel Liebe gestaltet.

Das wird gebraucht

Seife weiß-opak und farblos-transparent
Farbstoff gelb, rot, blau, grün
Gießform Herzen
Ausstechform Herz
Metallröhrchen (z.B. Kupferrohr), Ø 10 mm

So wird's gemacht

Gemusterte Herzen
Für das rote, türkisfarbene und hellblaue Herz die Gießform zweimal ausgießen. Eine Herzhälfte aus der Form nehmen und mit der Ausstecherform oder einem runden Metallröhrchen ein Muster herausstechen oder mit einem scharfen Messer herausschneiden. Diese Herzhälfte mit flüssiger Seife auf die zweite, noch in der Gießform verbliebene Hälfte aufsetzen und die ausgestochenen Partien mit einer Kontrastfarbe auffüllen. Eventuell überfließende Seife kann mit einem Schaschlikspieß vorsichtig entfernt werden (siehe auch Seite 30).

Gelbes Herz
Das gelbe Herz mit transparenter Seife zweimal halb ausgießen. Nach kurzer Abkühlzeit die beiden Herzhälften mit kleinen zurechtgeschnittenen transparent-gelben und transparent-orangen Seifenwürfeln füllen und die Zwischenräume mit transparenter Seife auffüllen. Zum Schluss setzen Sie die beiden Hälften mit transparenter Seife zusammen (siehe auch Seite 22 bzw. 30).

Mit einem Schaschlikspieß werden die Seifenkanten unter fließendem Wasser geglättet, falls nötig, kleine Fugen mit etwas Seife vom Glätten der Kanten gefüllt.

Schriftseifen
Die Seife mit dem Schriftzug LOVE wird in mehreren Schichten gegossen. Zuerst den Schriftzug in Transparent-Rot ausgießen, nach dem Erstarren die einzelnen Schichten mit Weiß, Transparent-Rot und zum Schluss wieder mit Weiß gießen. Zwischendurch die Schichten auskühlen lassen.

Die Seife mit dem Schriftzug I love you wird in der Ausschneide-Technik (siehe »Tieralphabet«, Seite 14/15) gefertigt.

Tieralphabet

Das lustige Tieralphabet ist ein hübsches Mitbringsel oder eine schöne Bastelei für den nächsten Kindergeburtstag.

Das wird gebraucht

Seife weiß-opak
Farbstoff gelb, rot, grün, blau
Gießform Tieralphabet

So wird's gemacht

Wählen Sie je eine Farbe für Buchstabe und Tier, z. B Gelb für den Löwen und Rot für das L. Gießen Sie das Förmchen mit gelber Farbe aus. Nach dem Erkalten und Entformen schneiden Sie das gewünschte Seifenteil (hier den Löwen) mit dem Skalpell sorgfältig aus und legen es zurück in die Gießform.

Drücken Sie das Seifenteil gut an und gießen Sie die Form mit der zweiten Farbe (hier: Rot) vollständig aus.

Nach dem erneuten Erkalten und Entformen können Sie eventuell ausgeflossene Seife mit einem Schaschlikspieß vorsichtig entfernen. Unschöne Seifenkanten oder kleine Unebenheiten lassen sich mit einem feuchten Tuch abreiben.

• Tipp •

Da die Seife sehr heiß verarbeitet werden muss, sollten Kinder nur unter Aufsicht damit arbeiten.

Mehrfarbige Seifen

Bunte Früchtemischung

Die Früchteseifen stellen Sie in unterschiedlichen Techniken her.

Das wird gebraucht
Seife weiß-opak und farblos-transparent
Farbstoff gelb, orange, rot, blau, grün
Gießform Früchte, klein und groß

So wird's gemacht
Zitrone, Mandarine und Banane
Die Gießformen mit den Farbblöckchen masern (siehe Seite 18) und anschließend mit opaker Seife ausgießen.

Alle Übrigen
Die *Trauben* gießen Sie zuerst zu vier Fünftel mit transparenter blauer Seife aus und füllen anschließend eine zweite Schicht aus blau-opaker Seife ein.

Die *große Kirschenform* wird in Rotbraun-Opak, die kleinen Kirschen und die Erdbeere mit rot-transparenter Seife aufgefüllt.

Für die *helle Birne* mischen Sie gelb-opake Seife mit etwas Grün, für die *dunklere Birne* grüne und etwas braune Seife.

Nach dem Erkalten und Entformen der Seifenteile schneiden Sie die Blätter der Früchte mit einem Skalpell ab. Anschließend legen Sie die Früchte wieder in die Gießform zurück und gießen mit verschieden eingefärbten Grünmischungen die Blätter aus (siehe Technik »Tieralphabet«, Seite 14/15).

Mehrfarbige Seifen

Gemaserte Blüten

Mit einer verblüffend einfachen Technik können Sie einfarbig ausgegossene Blüten farblich lebendig gestalten.

Das wird gebraucht

Seife weiß-opak
Farbstoff gelb, rot, orange, blau
Gießform Blüten

So wird's gemacht

Reiben Sie die Blütenform vor dem Ausgießen innen mit Färbetablette oder Farbblock leicht aus. Nicht zu viel Farbe aufreiben, da sonst der Masereffekt zu stark hervortritt. Die flüssige Seife etwas abkühlen lassen und in die Förmchen einfüllen.

• Tipp •

Marmorieren
Eine weitere Möglichkeit, schöne Effekte zu erzielen, ist das Marmorieren der Seifenmasse. Gießen Sie dazu die Blüten zu etwa vier Fünftel mit transparenter Seife aus und lassen Sie alles leicht abkühlen. Sobald sich eine Haut bildet, gießen Sie eine zweite Seifenschicht z. B. in Blau-Opak dazu und ziehen mit einem Holzstäbchen vorsichtig opake Schlieren in die transparente Seife.

Gemaserte Blüten

Seife und Dekoelemente originell kombiniert

Badezimmer-Accessoires

Die Enten schwimmen auf dem Seifenteich und passen gut zu den originellen Bürsten, die die Seife gleich mitbringen.

Das wird gebraucht

je 1 Seifengrundform oval, groß und klein
Seife farblos-transparent
Farbstoff gelb, blau
2 Gummi-Enten
2 kleine Handbürsten

So wird's gemacht

Bürsten
Legen Sie die kleinen Bürsten in passende Grundformen und füllen Sie diese bis zum Borstenansatz langsam mit farblich passend eingefärbter Seife auf. Nach dem Auskühlen entformen Sie die Seifen mit den eingegossenen Bürsten und glätten falls notwendig die Kanten mit einem feuchten Tuch.

Ententeich
Füllen Sie blau-transparente Seife bis 1/2 cm unter den Rand der Seifengrundform. Lassen Sie die Seife etwas abkühlen und drücken Sie dann die beiden Enten in die noch weiche Masse. Nach dem Erstarren entformen Sie die Seife und schneiden mit einem Sparschäler die Seifenkanten wellig nach.

Badezimmer-Accessoires

Eingießen und einlegen

Mustermix

So dekorativ lassen sich Seifenreste, die immer wieder anfallen, verarbeiten.

Das wird gebraucht

Seife farblos-transparent und weiß-opak
Farbstoff gelb, rot, blau, grün
verschiedene Seifengrundformen
Mini-Gebäckausstecher
Metallröhrchen

So wird's gemacht

Die Seifengrundformen für alle Seifen werden zu einem Drittel mit farblos-transparenter Seife ausgegossen und mit Seifenteilen gefüllt.

Mosaik-Seifen
Während des Auskühlens der Seifengrundschicht fertigen Sie die Seifenteile zum Einlegen:
- Mit dem Sparschäler schneiden Sie dünne Streifen von farbigen Seifenblöcken ab und formen sie zu Röllchen.
- Mit kleinen Ausstechformen, Metallröhrchen oder einem Skalpell schneiden oder stechen Sie kleine Blüten, Herzen und Punkte aus.
- Mit dem Messer schneiden Sie kleine Würfel aus unterschiedlich gefärbten Seifenresten.

Diese einzelnen Seifenteile ordnen Sie anschließend nach Belieben in den Gießformen an. Füllen Sie die Zwischenräume und die Form bis etwa 1/2 cm unter den Gießformenrand mit transparenter Seife auf.

Als Abschluss und besonderer Effekt wird nach dem Erstarren der Schicht die Form mit opaker, eingefärbter Seife vollends aufgefüllt. Dadurch werden die eingegossenen Teile plastischer präsentiert.

Schachbrett
Während des Auskühlens der Seifengrundschicht schneiden Sie für die quadratische Form 13 gleichmäßig große Würfel mit einer Kantenlänge von etwa 10 mm zurecht.

Setzen Sie die Würfel in die Form und drücken Sie diese leicht an. Gießen Sie die Zwischenräume und den Rest der Form mit einer zweiten Seifenfarbe aus. Sollte die zweite Seifenfarbe etwas über die erste Farbe fließen, schneiden Sie nach dem völligen Erstarren der Seife mit einem scharfen Messer eine dünne Schicht ab. So kommt das Schachbrettmuster wieder zum Vorschein.

Mustermix

Eingießen und Einlegen

Tierische Seifenporträts

Auch Servietten oder Bänder sind zum Eingießen in Seifen ideal.

Das wird gebraucht

Seife transparent und weiß-opak
Farbstoff gelb, orange, blau, grün
Serviettenmotive
Holzdekoteil Biene
Seifengrundform

So wird's gemacht

Eine dünne Schicht farblose Seife in die Grundform gießen. Auf die noch flüssige Seife das zuvor passend zugeschnittene Serviettenmotiv vorsichtig auflegen. Nach dem Erstarren der ersten Schicht eine weitere Schicht gießen. Etwa 1/3 der Form mit farbloser oder opak-weißer Seife füllen. Die Motive kommen dann am besten zur Geltung, wenn die zweite Schicht in einer hellen Grundfarbe gewählt wird.

Als Abschluss wird eine farblich zu den Motiven passende, opake Seifenschicht eingegossen.

Entenparade

Das Entenmotiv passt gut zu fröhlicher Kinderseife. Mit einer kleinen Bürste wird daraus ein schönes Geschenk.

Das wird gebraucht

Seife weiß-opak und farblos-transparent
Farbstoff gelb
Seifengrundform
Geschenkpapier Entenmotiv

So wird's gemacht

Diese Seifen werden wie die Seifen mit lustigen Serviettenmotiven von Seite 24 hergestellt. Füllen Sie die Grundform mit transparenter Seife und legen Sie die ausgeschnittenen Enten mit der Motivseite nach unten ein.

Die Seife mit dem gelben Rahmen gießen Sie zunächst ebenso. Schneiden Sie nach dem Entformen mit einem scharfen Messer je nach Motivgröße den Seifenrand ringsum etwa 1/2 bis 1 cm ab. Legen Sie die Seife mit dem Motiv nach unten in die Gießform zurück und füllen Sie mit gelber, die anderen mit weißer Seife auf. Nach dem Entformen schneiden Sie mit einem Sparschäler die Seifenkanten der gelben Seife rings um das Motiv schräg ab.

Bänderreste und Federn

Kleine Bänderreste oder Federn eignen sich hervorragend zur Gestaltung individueller Seifen.

Das wird gebraucht

Seife farblos-transparent und weiß-opak
Farbstoff gelb, grün
Seifengrundform
Bänderreste oder Federn

So wird's gemacht

Diese Seifen werden in der auf Seite 24 beschriebenen Einlegetechnik gefertigt. Wichtig ist, dass Sie auch hier mit einer Schicht aus farbloser Seife beginnen und nur die zweite Schicht aus opaker Seife gießen.

Schneiden Sie die Bänder passend zur Länge der Grundformen zu. Dekorativ wirken auch einzelne ausgeschnittene Bandmotive oder bunte Federn.

Duftige Blütenseifen

Einen asiatischen Hauch vermitteln diese aufeinander gestapelten Blütenseifen.

Das wird gebraucht

Seife farblos-transparent
Farbstoff gelb, orange, rot, grün
quadratische Seifengrundform
Blütenblätter, z. B. von Rosen oder Ringelblumen
evtl. kleine Würfel aus Restseife

So wird's gemacht

Seife schmelzen, färben und abkühlen lassen. Nun mischen Sie kleine Würfel aus Restseife und Blütenblätter unter und gießen die quadratische Grundform mit dieser Mischung aus.

Nach dem Entformen schneiden Sie den Rand der Seifen mit einem scharfen Messer etwa 1/2 cm ab, so dass Sie vier gleich große Stücke mit scharfen Kanten erhalten. Die fertigen Seifen übereinander setzen, mit Bastfäden zusammenbinden und auf einem kleinen Ständer präsentieren.

Dreidimensionale Seifen gießen

Alle meine Entchen

Am einfachsten lassen sich vollplastische Seifen-Figuren mit einer 3-D-Gießform herstellen.

Das wird gebraucht

Seife weiß-opak und farblos-transparent
Farbstoff gelb, rot, blau
3-D-Gießform Ente
runde Seifengrundform
schmale bunte Bänder

gießen Sie noch eine runde Grundform und setzen nach dem Erkalten und Entformen der Seifenteile die Ente mit flüssiger Seife auf die runde Form auf (siehe Sternzeichen-Medaillons auf Seite 10).

So wird's gemacht

Halten Sie die Gießform mit Klebeband oder Gummiring zusammen, so dass sie sich beim Gießen nicht öffnet. Stellen Sie die Form in kaltes Wasser und gießen Sie die abgekühlte (!) Seife (die Gießform ist nur hitzebeständig bis 75 Grad) von oben ein.

Nach dem völligen Abkühlen der Seife öffnen Sie vorsichtig die Form. Unsaubere oder leicht ausgeflossene Gießkanten entfernen Sie mit einem feuchten Tuch oder einem Schaschlikspieß.

Bei der flachen Ente wurde nur eine Hälfte der Gießform gefüllt. Zusätzlich

• Tipp •

Ein schmaler Streifen Wellpappe ziert den Rand der flachen Seife. Mit kleinen Stecknadeln stecken Sie den Wellpappestreifen und die kleine Schleife fest.

Im Zoo

Im Fachhandel finden Sie eine Fülle von zweiteiligen Gießformen, mit denen Sie problemlos dreidimensionale Seifen herstellen können.

Das wird gebraucht

Seife weiß-opak
Farbstoff orange, gelb, rot, blau
zweiteilige Gießform Zootiere

So wird's gemacht

Setzen Sie die Formen je nach Größe auf ein Glas oder in ein mit Sand gefülltes Gefäß. Achten Sie darauf, dass die Form plan liegt.

Nach dem Abkühlen der eingefärbten Seifenmasse gießen Sie zunächst nur eine Gießformhälfte aus. Auskühlen lassen und entformen.

Gießen Sie die andere Gießformhälfte aus und lassen Sie diese Hälfte nur so weit abkühlen, bis sich auf der Oberfläche eine Haut bildet. Drücken Sie die zuvor gegossene Hälfte auf die noch weiche Masse in der Form. Eventuell auslaufende Seife entfernen Sie nach dem Entformen.

Halloween lässt grüßen

So ein kleines Gespenst und ein runder Kürbis wären doch die passenden Gästeseifen für die nächste Halloween-Party.

Das wird gebraucht

Seife weiß-opak
Farbstoff gelb, orange, blau, grün
zweiteilige Gießform Halloween
Gießform Sonnenblume
Gießform Blätter
wasserfester Filzstift in Schwarz

So wird's gemacht

Die Spinne und das einzelne Blatt werden in der Grundtechnik ausgegossen, die Sonnenblume gießen Sie aus wie beim Tieralphabet beschrieben (siehe Seite 14/15). Die Gespenster und den Kürbis gießen Sie in zweiteiligen Gießformen (siehe »Im Zoo«, Seite 30).

Nach dem Entformen der Seifenteile schneiden Sie mit dem Skalpell die Beine der Spinne noch etwas plastischer aus und setzen sie mit flüssiger Seife auf das einzelne Blatt. Beim Kürbis stechen Sie nachträglich Augen, Nase und Mund mit dem Skalpell heraus. Die Gespenster erhalten – ausnahmsweise, weil so winzig – zwei kleine schwarze aufgemalte Pünktchen mit wasserfestem Filzstift.

• Tipp •

Vermeiden Sie es, die Seifen mit Farben zu bemalen, da man sie dann nicht benutzen kann.

Dank

Die Autorin dankt folgenden Firmen für die Unterstützung und Bereitstellung von Materialien:

hobbygross Erler, Rohrbach/Pf.
Glorex-Hobbytime, Rheinfelden
Hobbyfun, Lichtenfels
Creative Hobbies, Lichtenfels
Exagon, Zürich

Die Deutsche Bibliothek – CIP-Einheitsaufnahme

Ein Titeldatensatz für diese Publikation ist bei
Der Deutschen Bibliothek erhältlich.

Besuchen Sie uns auf unsererer Internet-Seite unter
www.augustus.de

Das Werk einschließlich aller seiner Teile ist urheberrechtlich geschützt. Jede Verwertung außerhalb des Urhebergesetzes ist ohne Zustimmung des Verlages unzulässig und strafbar. Das gilt insbesondere für Vervielfältigungen, Übersetzungen, Mikroverfilmungen und die Einspeicherung und Verarbeitung in elektronischen Systemen.

Die im Buch veröffentlichten Ratschläge wurden von Verfasserin und Verlag sorgfältig erarbeitet und geprüft. Eine Garantie kann dennoch nicht übernommen werden. Ebenso ist die Haftung der Verfasserin bzw. des Verlages und seiner Beauftragten für Personen-, Sach- und Vermögensschäden ausgeschlossen.

Jede gewerbliche Nutzung der Arbeiten und Entwürfe ist nur mit Genehmigung von Verfasserin und Verlag gestattet.

Fotografie: Klaus Lipa, Diedorf
Arbeitsfotos: S. Heinzmann
Lektorat: Sabine Fels, Renningen
Umschlaglayout: Angelika Tröger
Reihenkonzeption: Kontrapunkt, Kopenhagen
Layout: Uhl + Massopust, Aalen

AUGUSTUS VERLAG, München 2001
© Weltbild Ratgeber Verlage GmbH & Co. KG.

Satz: Gesetzt aus 9,5 Punkt The Sans
von Uhl + Massopust, Aalen
Reproduktion: Uhl + Massopust, Aalen
Druck und Bindung: Offizin Andersen Nexö, Leipzig

Gedruckt auf 135 g umweltfreundlich chlorfrei gebleichtes Papier.

ISBN 3-8043-0910-0

Printed in Germany